지은이 김정희

경상북도 하양에서 태어나 도자기 공예를 공부했습니다. 역사에 관심이 많아 《국화》《야시골 미륵이》
《노근리, 그 해 여름》 등 우리나라 근현대사를 다룬 작품을 꾸준히 썼습니다. 농사를 짓고 살면서 환경 문제에
절실함을 느껴 《후쿠시마의 눈물》《시화호의 기적》《비닐봉지가 코끼리를 잡아먹었어요》《아마존의 수호자 라오니
추장》 등을 썼습니다. 그 밖에도 청소년소설 《지금 행복하고 싶어》《곡계굴의 전설》 등 여러 책을 썼습니다.

그린이 박은정

대학에서 시각디자인을 전공하고, 영국에서 일러스트레이션 석사 과정을 졸업했습니다. 그림책의 다양한 형태를
탐구하고 이를 통해 표현할 수 있는 것들에 골몰하고 있습니다. 일상 속에서 마주치는 대상을 관찰하고 기록하는 작업을
좋아합니다. 그린 책으로 《나무 고아원》이 있습니다.

검은 하늘에 갇힌 사람들

초판 1쇄 발행 2022년 1월 20일 | **2쇄 발행** 2023년 7월 24일
지은이 김정희 | **그린이** 박은정
펴낸이 윤상열 | **기획편집** 최은영 김도희 | **디자인** 맥코웰 | **마케팅** 윤선미 | **경영관리** 김미홍
펴낸곳 도서출판 그린북 | **출판등록** 1995년 1월 4일(제10-1086호) | **주소** 서울 마포구 방울내로11길 23 두영빌딩 302호
전화 02-323-8030~1 | **팩스** 02-323-8797 | **블로그** greenbook.kr | **이메일** gbook01@naver.com

ISBN 978-89-5588-398-5 74330
ISBN 978-89-5588-967-3 (세트)

© 김정희 박은정 2022
저자와 출판사의 허락 없이 책의 내용을 인용하거나 발췌하지 마세요.

어린이제품안전특별법에 의한 표시
품명 어린이 도서 **제조국** 대한민국 **사용연령** 7세 이상 **주의사항** 책 모서리에 다치지 않도록 주의하세요

검은 하늘에 갇힌 사람들

김정희 글 박은정 그림

그린북

딩딩은 중추절*을 손꼽아 기다렸어요. 베이징에 돈 벌러 간 엄마 아빠가 이번 중추절에는 꼭 온다고 했거든요. 맛있는 월병과 예쁜 인형과 새 옷을 사 오겠다고 했어요.

딩딩은 엄마 아빠가 너무너무 보고 싶었어요. 2년 동안이나 엄마 아빠를 만나지 못했어요.

딩딩의 부모님은 농민공*이에요. 딩딩은 시골에서 농사를 짓는 할머니 할아버지와 살고 있지요.

***중추절** : 음력 8월 15일로 우리나라의 추석에 해당하는 중국의 명절.
***농민공** : 일자리를 찾아 도시로 간 시골 출신 사람들을 가리키는 말.

드디어 엄마 아빠가 왔어요. 맛있는 월병과 새 옷, 새 신발, 그리고 할머니 할아버지 선물을 두 손 가득 들고 왔어요. 딩딩은 선물 꾸러미를 뒤지다가 인형이 나오지 않자 서운했어요.
"왜 인형은 없어?"
"딩딩, 지금은 돈을 아껴야 해."
엄마는 미안한 표정을 지었어요. 그리고 이번에 베이징으로 돌아갈 때 딩딩도 함께 간다고 말했어요.
엄마 아빠와 함께 살다니! 딩딩은 신이 났어요. 머릿속으로만 상상하던 큰 도시에 간다고 생각하니 마음이 붕 떴어요.
"딩딩, 명절이 되면 이 할미 꼭 보러 와야 한다."
"당연하죠. 꼭 올게요."
할머니와 할아버지는 딩딩을 떠나 보내는 게 섭섭한가 봐요. 딩딩도 할머니 할아버지와 헤어지는 건 슬펐어요. 그러나 엄마 아빠랑 함께 살고 싶은 마음이 더 간절했어요.

딩딩이 도시에 간 건 난생처음이었어요. 사람들이 북적거리는 기차역에서 딩딩은 그만 엄마 손을 놓치고 말았어요.
"딩딩, 한눈팔다가 엄마 잃어버리면 어떡하려고! 손 꼭 잡아."
딩딩은 더럭 겁이 나서 엄마 손을 꼭 붙잡았어요.
기차를 타고 꼬박 이틀이나 달렸어요. 딩딩은 할머니가 정성스럽게 싸 준 음식을 먹으면서 창밖으로 보이는 낯선 세상을 구경했어요.
"엄마, 우리 집은 어때? 할아버지 집보다 좋아?"
"엄마 아빠가 열심히 일하면 할아버지 집보다 훨씬 좋은 집에 살게 될 거야. 넌 공부만 열심히 해. 우리가 도시로 나가서 돈 버는 건 다 너를 훌륭한 사람으로 키우기 위해서야."
엄마가 말했어요. 그러자 졸고 있던 아빠가 덧붙였어요.
"너는 나중에 고생하지 말라고 지금 엄마 아빠가 열심히 일하는 거란다."
딩딩은 새삼 부모님이 고맙고 든든했어요. 앞으로 베이징에서 산다는 게 정말 기대됐지요. 곧 새로운 세상이 열릴 것만 같았어요.

엄마 아빠를 따라간 곳은 멋지고 화려한 도시가 아니었어요.
나지막한 지붕이 다닥다닥 붙어 있고, 허름하고 낡은 건물과 집 들이 즐비해 있었어요. 가는 곳마다 이상한 냄새가 풍겨서 딩딩은 코를 감싸 쥐었어요.
"이게 무슨 냄새야?"
"이 동네 냄새란다. 여기 살다 보면 괜찮아질 거야."
딩딩은 도시 냄새가 유별나다고 생각했어요.
"저기가 우리 집이야."
딩딩은 집을 보는 순간 실망스러웠어요. 상상했던 것보다 훨씬 초라하고 낡아 보였거든요. 시골 할머니 할아버지 집보다도 좁고, 마당 곳곳에는 쓰레기 같은 물건들이 잔뜩 널려 있었어요.
"베이징 맞아? 도시가 아니잖아."
"변두리라서 그렇지, 여기도 베이징이야. 우리 딩딩도 왔으니 깨끗이 치우고 새로 단장해야겠다. 그럼 멋진 집이 될 거야."
엄마는 두 팔을 걷어붙이고 여기저기 널려 있는 쓰레기를 치우기 시작했어요.

다음 날, 엄마와 아빠는 각자 오토바이를 타고 공장으로 출근을 했어요.
"딩딩, 학교는 내일부터 갈 거야. 오늘은 집에 있어야겠다."
"길 잃어버리면 찾기 힘드니까 돌아다니지 마. 부엌에 밥 있으니까 챙겨 먹고."
딩딩은 집에 남았어요. 낯선 곳에서 혼자 있자니 무척 심심했어요. 골목에 나가 봐도 또래 아이들은 보이지 않았어요.

엄마는 바깥에 나가지 말라고 했지만, 딩딩은 도시가 궁금했어요. 가던 길을 되돌아오면 되니까 길 잃을 걱정은 하지 않았어요.
큰길로 나오니까 마스크를 쓰고 다니는 사람들이 많았어요.
'흠흠, 이게 무슨 냄새야?'
역한 냄새가 코를 찔러서 머리가 지끈거렸어요. 저 멀리 하늘까지 닿을 것처럼 길쭉한 굴뚝에서 검은 연기가 콸콸 쏟아져 나왔어요. 마치 하늘을 검은색으로 색칠하는 것 같았어요.
'와아, 공장이 진짜 많네. 오토바이도 많고…….'
오토바이가 눈앞에서 무섭게 쌩쌩 달렸어요. 딩딩은 자신도 모르게 손으로 입과 코를 막았어요. 오토바이는 꽁무니로 검은 연기를 풍풍 뿜어내며 달리고 있었어요. 자동차도 쌩하고 달렸어요. 지독한 냄새와 검은 연기가 고스란히 딩딩의 얼굴을 덮쳤어요. 세상이 어두운 물감으로 점점 덮여 가는 것 같았어요. 여태껏 살았던 시골과 너무 달랐지요.
딩딩은 덜컥 겁이 났어요. 그래서 얼른 집으로 돌아왔어요.

집으로 돌아온 딩딩은 학교 갈 준비를 해 놓기로 했어요. 학교에 가서
새 친구를 사귀고 함께 어울려 놀 생각을 하니 금세 기분이 나아졌어요.
엄마가 중추절 때 사 준 옷이 조금 더럽혀진 것 같아 깨끗이 빨았어요.
친구들에게 멋진 모습을 보여 주고 싶었거든요.
딩딩은 마당에 빨래를 널고, 집도 청소했어요. 저녁 늦게 퇴근하는 엄마
아빠를 기쁘게 해 드리고 싶었어요.
퇴근한 엄마가 깨끗해진 집을 보면서 칭찬했어요.
"아유, 우리 딩딩 다 컸구나! 혼자서 빨래도 하고, 청소도 하고."
그런데 엄마가 마당에서 걷어 온 옷을 보고 딩딩은 깜짝 놀랐어요. 옷에 검은
먼지가 잔뜩 붙어 있지 뭐예요.
"엄마, 어떡해! 옷이 지저분해졌잖아. 내일 학교에 입고 가야 하는데……."
"여긴 공기도 나쁘고 먼지도 많아. 빨래를 밖에 내놓으면 아무리 깨끗한
옷이라도 금방 더러워지니까 집 안에서 말려야 해."
엄마가 딩딩의 옷을 다시 빨았어요. 그러고는 부엌에 널었어요. 딩딩은 내일
학교에 갈 때까지 옷이 마르지 않을까 봐 걱정이 되었어요.

딩딩은 덜 마른 옷을 입고 학교에 갔어요. 반 아이들이 눈치챌까 봐 하루 종일 신경이 쓰였어요. 기대와 달리 새 친구들과 금방 친해지기도 어려웠지요. 딩딩은 주눅이 들어 집에 갈 시간만 기다렸어요. 그런데 친친이라는 한 아이가 다가왔어요.

"우리 집에 놀러 올래?"

친친의 말에 딩딩은 활짝 웃으며 고개를 끄덕였어요. 엄마 아빠는 오늘도 공장에서 저녁 늦게야 돌아올 테니까요. 학교에 온 첫날부터 친구 집에 초대를 받다니 정말 기분이 좋았어요. 친친도 저녁 늦게까지 혼자 있기 심심하대요. 친친네 집도 딩딩네와 비슷한 환경인 것 같았어요.

친친의 방에 들어가자 책상과 침대 한쪽에 인형이 수북하게 쌓여 있었어요. 딩딩은 눈이 휘둥그레졌어요. 그렇게 갖고 싶어 하던 인형이 이렇게나 많이 있다니요.

"이 인형들은 세계 곳곳에서 모인 거야. 너 갖고 싶은 거 있으면 가져."

"정말?"

"응. 우리 엄마가 다니는 공장은 전 세계에서 나오는 쓰레기를 수입하거든. 예쁜 인형이 나오면 엄마가 가져다줘. 많으니까 나눠 줄게."

친친의 너그러운 마음에 딩딩은 고마웠어요.

친친네 집에는 인형뿐만 아니라 장난감, 장식품 등 온갖 희한한 물건들이 가득했어요. 딩딩은 정말 신기했지만, 한편으로는 기분이 안 좋았어요. 왜 전 세계 쓰레기가 중국으로 오는지 궁금했어요. 쓰레기가 아닌 새 물건들이 오면 더 좋을 텐데 하는 생각도 들었지요.

친친과 친해진 딩딩은 날마다 학교가 끝나고 같이 놀았어요. 하루는 친친을 따라 놀이터에 갔다가 이상한 광경을 봤어요. 쓰레기 더미가 마치 동산처럼 쌓여 있지 뭐예요. 딩딩은 코를 감싸 쥐었어요.
"어휴, 냄새! 놀이터가 뭐 이래!"
"모르는 소리 마. 여기 잘 뒤져 보면 재미난 물건들이 진짜 많아. 전 세계에서 모인 쓰레기들이거든."
딩딩은 얼굴을 찌푸렸어요. 하지만 친친이 준 인형도 이런 쓰레기 속에 있었다는 사실이 떠올랐어요.
쓰레기 더미 사이에 있던 아이 한 명이 손을 흔들면서 소리쳤어요.
"오늘은 별로 쓸 만한 물건이 없어. 정말 쓰레기뿐이야."
공장에서 쓰레기를 수입하여 이미 한 차례 거른 더미였어요. 소각장에서 태우려고 쌓아 둔 거지요. 소각장 굴뚝에서는 검은 연기가 무럭무럭 뿜어져 나오고 있었어요. 눈은 맵고, 지독한 냄새에 숨 쉬기도 힘들었어요. 다른 아이들은 아무렇지도 않은지 긴 막대기로 쓰레기를 연신 뒤적거렸어요.
딩딩은 갑갑하고 짜증이 났어요. 무엇보다도 지독한 냄새에 머리가 아프기 시작했어요.
"난 갈래. 여기 더 이상 못 있겠어."

휴일인데도 엄마 아빠는 출근을 했어요. 공장 일이 바빠서 쉴 수가 없대요.

딩딩은 숙제를 펼쳐 놓고 끙끙대고 있었어요. 숙제는 '우리 동네 환경 오염 지도 그리기'였어요. 오염을 일으키는 물질이 무엇인지도 알아봐야 했어요. 엄마 아빠는 늦게 돌아와서 저녁밥을 먹고는 금방 곯아떨어지곤 하니까 숙제를 도와줄 수 없었어요.

딩딩은 공책을 들고 친친을 찾아갔어요.

"친친, 숙제 같이 하자. 난 아직 우리 동네를 잘 모르잖아."

"걱정 마. 내가 잘 알아. 동네 구석구석에 무슨 공장이 있고, 어디에 쓰레기가 많은지, 또 미세먼지를 일으키는 게 뭔지도."

친친이 자신 있다는 듯 말했어요. 딩딩은 친친의 도움을 받아서 숙제를 잘해 가고 싶었어요.

딩딩과 친친은 마스크를 쓰고 환경 오염 현장을 찾아다녔어요.

먼저 거리로 나가니 오토바이와 자동차 들이 검은 연기를 내뿜으며 달리고 있었어요.

"보이지? 저 매연이 미세먼지가 되는 거야. 우리가 숨을 쉴 때마다 온갖 나쁜 것들이 몸속으로 들어와. 공기가 오염되면 사람들이 병에 걸리기 쉬워."

친친은 똑똑했어요. 딩딩과 친친은 쓰레기 놀이터와 그 옆의 소각장도 찾아갔어요. 그리고 환경 오염 지도에 표시했어요. 소각장 굴뚝에서 뿜어져 나오는 검은 연기도 공기를 더럽히는 원인이었어요.

딩딩은 엄마 아빠가 다니는 공장은 어떨지 궁금했어요. 둘은 공장을 찾아가 보기로 했어요. 공장 단지에 들어서자 친친은 높이 치솟은 굴뚝에서 시커먼 연기가 콸콸 쏟아지는 곳을 가리켰어요.
"저게 다 공장이야. 우리 동네에서 미세먼지를 가장 많이 내뿜는 곳이야."
"그러면 공장을 다 없애 버리면 되잖아."
"공장이 있어야 필요한 물건을 만들지. 엄마 아빠가 일을 해야 돈도 벌고. 그런데 베이징 대기 오염이 너무 심각해서 공장을 동쪽 다른 지역으로 옮기고 있대. 지금도 많이 옮겼는데 나머지도 다 옮긴대. 그러면 베이징은 나아지겠지만 다른 지역은 공기가 더 나빠지겠지. 바다 건너에 있는 한국도."
"한국이 왜?"
"겨울에 서쪽에서 바람이 불면 공장에서 뿜어내는 검은 연기가 바다 건너 한국으로 가잖아. 그러면 한국 하늘이 미세먼지로 다 뒤덮이는 거야."
딩딩은 친친의 설명에 한숨이 나왔어요. 공기도 바람도 해도 달도 국경이 따로 없다는 선생님 말씀이 떠올랐어요. 미세먼지도 이 하늘 저 하늘이 따로 없지요.

드디어 딩딩의 엄마가 일하는 공장에 도착했어요. 그곳은 폐가전을 처리하는 공장이었어요. 잘사는 나라에서 버린 가전제품을 뜯어서 돈이 되는 고철을 분리하고, 쓸모없는 것은 불에 태웠어요.

딩딩은 공장 여기저기를 살펴서 엄마를 찾아냈어요. 엄마는 쉬지 않고 돌아가는 기계 앞에서 땀을 뻘뻘 흘리며 일하고 있었어요.

"엄마!"

엄마가 화들짝 놀랐어요.

"네가 여긴 웬일이야?"

"친구랑 숙제하러 왔어. 우리 동네 환경 오염을 조사하는 거야."

"쉿! 그런 말 하면 못써. 공장이 없으면 이 동네 사람들은 어디 가서 일하겠니. 얼른 다른 곳에 가서 조사해."

엄마는 딩딩과 친친을 쫓아내듯 보냈어요. 공장 굴뚝에서는 검은 연기가 펑펑 쏟아져 나오는데, 쉬쉬하는 엄마를 이해할 수 없었어요. 엄마를 걱정하며 찾아왔는데, 엄마가 딩딩의 마음을 몰라주는 것 같아 섭섭했어요.

"딩딩, 우리 엄마도 공장에 찾아가는 거 싫어해."

친친이 딩딩의 손을 잡아끌었어요. 둘은 마스크를 푹 눌러쓰고 공장을 나왔어요.

둘은 친친 집에서 숙제를 마저 정리하기로 했어요. 딩딩이 마스크를 벗고 숨을 크게 쉬며 말했어요.

"아휴, 난 오늘 냄새 때문에 너무 힘들었어. 기침도 나오고 눈도 간지럽고. 숙제를 해야 되니까 꾹 참았어."

딩딩은 오늘 고생한 만큼 숙제를 잘해서 선생님께 칭찬받고 싶었어요.

"넌 전학 와서 잘 모르겠지만, 이 동네 아이들은 환경 오염이나 미세먼지에 관심이 많아. 이런 숙제도 몇 번씩은 했을걸? 내가 찾아본 책이 있는데 같이 보자."

친친이 책을 한 권 가지고 왔어요. 어려운 말이 많은 두꺼운 책이었어요.

"눈으로 보이는 오염도 문제지만, 눈에 보이지 않는 공해가 더 문제야. 굴뚝이나 자동차에서 나오는 검은 연기가 다가 아니라고. 거기서 무슨 물질이 나오는지 알아?"

딩딩은 머리가 복잡했어요. 눈에 보이지도 않는 나쁜 물질이 자신과 부모님을 해칠까 봐 무서웠어요.

검은 연기와 미세먼지로 가득한 하늘에서 오랜만에 주룩주룩 비가 내렸어요.
"비가 미세먼지를 다 씻어 주겠네. 이제 하늘도 좀 맑아지려나?"
엄마는 공기가 좋아질 거라며 좋아했어요. 그런데 빗물이 이상했어요.
"엄마, 검은 비가 내려! 저기 빗물 좀 봐."
마당에 검은 물이 흘러내렸어요. 아빠가 출근 준비를 하다가 화들짝 놀라며 고개를 절레절레 저었어요.

"우리가 검은 하늘을 머리에 이고 살았구나! 공기가 얼마나 나쁘면 검은 비가 내려. 재앙이야, 재앙!"
엄마 아빠는 결국 딩딩에게 학교에 가지 말라고 했어요. 검은 비를 맞으면 위험하다는 거예요. 비가 온다고 학교에 가지 못하는 것도 참 이상했지만 딩딩도 검은 빗속을 걸어가기는 싫었어요. 우산을 쓰더라도 아무래도 빗물이 튈 테니까요. 하루 종일 내린 검은 빗물이 땅을 흥건하게 적셨어요.

비가 줄기차게 내리고 난 뒤 하늘이 맑아졌어요. 딩딩은 마음까지 맑아진 것 같아 신이 났어요. 게다가 베이징에 오고 처음으로 엄마 아빠와 함께 외출하기로 했거든요.

"맛있는 것도 먹고 옷도 사 줘, 응? 내 옷이 다 헌 옷이 됐단 말이야."

베이징에 온 뒤로는 옷을 빨아 입어도 금세 지저분해지곤 했어요. 딩딩은 그게 늘 불만이었지요.

시내에 나온 딩딩은 눈이 휘둥그레졌어요. 하늘을 찌를 듯이 높이 치솟은 빌딩은 올려다보기만 해도 어지러울 지경이었어요. 사람들도 세련되어 보이고, 보이는 것마다 새롭고 신기했어요.

딩딩 가족은 새 옷도 사고, 맛있는 음식도 먹고, 푸른 하늘 아래를 신나게 돌아다녔어요.

"늘 하늘이 맑았으면 좋겠어. 이렇게 엄마 아빠랑 외출도 하고, 진짜 좋다."

"그렇게 좋아? 일 년에 며칠 안 되는 푸른 하늘이니까 마음껏 즐겨도 돼."

아빠도 흐뭇해했어요. 그런데 딩딩은 눈이 자꾸 가려웠어요.

"딩딩, 왜 자꾸 눈을 만져? 눈이 아파?"

"아프지는 않은데 너무 가려워. 실은 한참 전부터 가려웠다가 괜찮았다가 했어."

딩딩은 손등으로 눈을 문질렀어요. 그러자 눈이 따가웠어요. 이번엔 배랑 등, 팔도 가렵기 시작했어요. 하지만 딩딩은 꾹 참았어요. 오랜만에 엄마 아빠랑 외출해서 즐거운 기분을 망치고 싶지 않았거든요.

어느새 날씨가 많이 추워졌어요. 언젠가부터 엄마가 자꾸 기침을 했어요.
"엄마, 많이 아파?"
"괜찮아. 감기약 먹으면 돼."
아빠도 가끔 기침을 했지만 엄마가 훨씬 심했어요. 그런데 감기가 전염되었는지 딩딩도 기침을 했어요. 목에서 가래가 나오고 가슴이 답답했어요.
"우리 가족이 다 감기에 걸렸네……. 약 먹고 하룻밤 자고 나면 괜찮을 거야."
아빠가 대수롭지 않게 말했어요.
"사람들이 그러는데 우리 공장에서 플라스틱을 태워서 나오는 연기가 몸에 아주 나쁘대. 그걸 계속 마시면 폐가 망가진대. 그래서 나도 기침이 나오나 봐. 얼른 돈 모아서 다른 일 찾아야지, 계속 이 공장 다니다가는 큰 병 나겠어."
엄마가 불만을 토로했어요.
"그래도 참고 일해야지 어쩌겠어. 월급을 더 모아야 딩딩을 계속 공부시키고 우리도 고향으로 돌아갈 수 있어."
아빠는 마치 녹음기를 틀어 놓은 것처럼 똑같은 말만 되풀이했어요.
딩딩은 기침이 나도, 눈과 몸이 가려워도 참았어요. 병원에 가서 주사를 맞는 게 무섭기도 했지만 어쩐지 아빠 앞에서 입이 떨어지지 않았어요. 아빠한테 계획이 있으니, 조금만 참고 기다리면 좋은 날이 올 것 같았어요.

"오늘은 하늘이 유난히 어둡네."
엄마가 딩딩을 깨우며 말했어요. 창밖을 보니 소나기가 내릴 것처럼 하늘이 어두웠어요.
하늘은 늘 뿌옇게 보였지만 오늘처럼 검은빛은 아니었어요.
딩딩은 엄마가 준 마스크를 쓰고 학교에 갔어요. 거리에도 눈만 내놓고 마스크를 쓴 사람들이 많았어요. 몇 미터 앞도 잘 보이지 않을 정도로 검은 세상이었어요.
1교시가 끝나자 선생님이 가방을 싸라고 했어요.
"얘들아, 오늘 수업은 이만 끝. 집에 가면 밖에 나가서 놀지 말고, 창문도 꼭 닫아야 한다."
반 아이들은 놀라지도 않고 익숙하게 집에 갈 준비를 했어요. 딩딩은 깜짝 놀랐어요.

하늘이 어둡다고 수업을 하지 않는 게 정말
이상했어요.
"공기가 너무 나빠. 미세먼지도 심하고. 거리
곳곳에서 사람들이 쓰러져 병원에 실려 가고 있단다."
선생님이 겁을 주듯 말했어요. 집으로 돌아가는
길에 아이들은 서로 말도 하지 않고 앞만 보고 빨리
걸었어요. 딩딩도 조금이라도 나쁜 공기를 덜
마시려고 뛰어서 집으로 돌아왔지요.
오늘도 딩딩은 어두운 방에 혼자였어요.
오늘따라 눈과 몸이 가려워서 견딜 수가
없었어요. 엄마가 사다 놓은 약도 다
떨어졌어요. 기침도 점점 심해졌어요.

딩딩은 엄마 공장으로 전화를 했지만 엄마와 통화할 수 없었어요. 엄마 아빠가 퇴근하려면 아직 한참이나 기다려야 했어요. 기침이 나고 콧물이 흐르고 몸도 간지러워 도저히 참을 수가 없었어요.

"콜록 콜록, 콜록콜록."

딩딩은 엄마를 찾으러 나섰어요. 낮인데도 거리는 어둑어둑했어요. 스모그 속에서 건물이며 사람들이 흐릿하게 보이고 달리는 자동차도 저만치 나타났다가 바로 눈앞에서 사라졌어요.

그때였어요. 오토바이 여러 대가 연기를 훅 내뿜으면서 줄지어 달렸어요.

"흡."

딩딩은 숨이 막혔어요. 양손으로 입과 코를 틀어막았어요. 그러고 보니 깜박하고 마스크도 안 쓴 채 나왔어요. 집으로 다시 돌아가기에는 너무 멀리 왔어요. 딩딩은 참고 걸었어요. 기운이 점점 빠졌어요.

'왜 세상이 이렇게 되었을까? 무슨 일이 일어난 거야!'

딩딩은 그만 그 자리에서 까무러지고 말았어요.

딩딩은 문득 눈을 떴어요.

"어, 아이가 눈을 떴네. 정신이 드니?"

딩딩은 머릿속이 아득했어요. 낯선 사람들이 내려다보고 있었어요.

"여기가 어디예요?"

"병원 응급실이야. 네가 길에서 쓰러졌어. 부모님 금방 오실 거야. 너희 엄마 아빠 찾느라고 애먹었단다."

간호사가 체온을 재며 설명해 주었어요.

'내가 왜 병원에 온 거야?'

아무리 생각해도 기억이 나지 않았어요. 엄마를 찾아간다고 길을 걷고 있었는데, 기침이 심하게 나오고, 머리와 눈이 아프다가…… 그다음은 기억이 나지 않았어요. 길거리에서 쓰러지다니, 딩딩은 자기가 큰 병에 걸렸을까 봐 겁이 더럭 나고 무서웠어요.

시골에 계신 할머니 할아버지도 못 만나고 죽으면 어떡해요.

딩딩은 눈물이 주르르 흘러내렸어요.

"딩딩, 괜찮아? 많이 아파?"
엄마가 헐레벌떡 뛰어 들어오며 눈물을 쏟았어요.
"왜 혼자 돌아다니다가 이런 꼴을 당해! 지금 밖이 얼마나 위험한데."
뒤따라 들어온 아빠는 딩딩을 나무랐어요. 딩딩은 아직도 자신에게 무슨 일이 벌어졌는지 알지 못했어요. 엄마 아빠 얼굴이 새하얗게 질려 있었어요.
엄마가 이마를 짚어 보며 한숨을 내쉬었어요.
"병원에서 전화 받고 얼마나 놀랐는지 몰라. 가슴이 새까맣게 탔다고."
엄마 아빠가 정말 많이 놀랐나 봐요.
"어디 간다고 혼자 나온 거야? 공기가 얼마나 나쁜데 마스크도 안 쓰고! 검은 연기 마시면 안 된다고 엄마가 누누이 말했잖아."
"너무 아파서 엄마 찾으러 간 거야. 혼자 무서웠단 말이야."
딩딩이 볼멘소리를 하자 엄마가 의사와 간호사를 보면서 변명처럼 말했어요.
"애가 공기 좋은 시골에서 살다가 얼마 전에 왔거든요. 베이징 공기가 얼마나 나쁜지, 아이가 못 견뎌서 큰일이에요……."
간호사가 하늘이 검은 날은 밖에 나다니면 위험하다고 옆에서 거들었어요.
딩딩은 그제야 응급실 안을 둘러보았어요. 응급실은 많은 사람들로 북적였어요. 딩딩처럼 쓰러지거나 기침이 심해져서, 또 눈과 몸이 가려워 찾아온 환자들이었어요. 딩딩은 다시는 병원에 오고 싶지 않았어요.

*문을 닫았다는 뜻.

차가운 바람이 불던 어느 날, 엄마 아빠는 출근하지 않았어요.

"공장이 다 문을 닫았어."

"왜?"

"미세먼지가 너무 심해서 정부에서 공장을 닫으라고 명령했다는구나. 공기가 좀 깨끗해지면 다시 출근할 수 있대. 우리 같은 사람들은 대체 뭘 먹고 살라고……."

엄마 아빠는 걱정이 가득했어요. 미세먼지도, 검은 하늘도 걱정이지만 당장 출근하지 않으면 월급을 받을 수 없으니까요.

중국 정부는 다른 나라에서 고물이나 쓰레기를 수입하는 것도 중단시켰어요. 공기를 오염시키고 미세먼지를 일으키는 일은 모두 막았어요. 오토바이도 금지, 쓰레기 태우는 것도 금지, 노점상에서 생선 굽는 것도 금지였어요. 거리를 오가는 사람도 거의 없었어요. 마치 세상이 멈춰 버린 것 같았어요.

아빠는 천장이 들썩거릴 정도로 한숨을 쉬었어요. 집 안 분위기는 검은 하늘보다 더 어둡게 가라앉았어요. 딩딩은 숨소리조차 죽였어요. 엄마 아빠의 걱정이 끝이 없었거든요.

"공장이 다시 문 열 때까지 다른 일을 찾아야 할 텐데, 무얼 해서 돈을 벌까……."

아빠가 이른 아침부터 나갈 준비를 했어요.

"이대로 손 놓고 마냥 기다릴 수만은 없어. 다른 일거리라도 찾아보고 올게."

아빠는 오토바이도 타지 못하고, 마스크를 쓰고 모자를 꾹 눌러쓴 채 밖으로 나갔어요.

"엄마, 우리 언제까지 이렇게 지내야 해? 학교까지 문을 닫고……."

딩딩은 엄마에게 투정을 부렸어요.

"엄마도 나가서 돈 벌고 싶어. 돈 모아서 고향에 집도 사고, 우리 딩딩 대학 공부까지 시키고 싶은데…… 꼼짝없이 집에 갇혀 버렸네. 하늘이 원망스러워!"

엄마가 창문 밖 하늘을 올려다보며 한탄했어요. 미세먼지로 가득 찬 회색 하늘은 금방이라도 주저앉을 것 같았어요.

엄마 아빠가 공장에 나갈 수 있고, 하늘도 맑아진다면 얼마나 좋을까요? 그럼 모든 걱정이 싹 사라질 텐데 말이에요.

'아휴, 너무 복잡해!'

베이징에 오면 새로운 앞날이 펼쳐질 줄 알았는데……. 딩딩은 차라리 할머니 할아버지와 살던 시골로 돌아가고 싶었어요.

아빠는 밤이 되어서야 커다란 보따리를 양손에 들고 돌아왔어요.
"아빠, 그게 뭐예요?"
"우리 밥줄이야. 돈이 될 만한 물건을 분리해서 갖다주면 돼."
아빠가 보따리를 풀자 온갖 물건들이 와르르 쏟아졌어요. 딩딩은 무엇이 있는지 궁금해 뒤적거렸어요. 플라스틱, 비닐, 헌 옷 들이 한데 뒤섞여 있었어요.
엄마 아빠는 부엌에서 전등을 켜고 쓸 만한 물건을 골라냈어요. 물건을 뒤적일 때마다 먼지가 푹 일어났어요.
"딩딩, 먼지가 너무 많아. 넌 들어가서 공부해."
딩딩은 엄마 아빠를 조금이라도 돕고 싶었어요.
"콜록 콜록 콜록."
갑자기 기침이 심하게 나오더니 눈이 간지럽고 콧물이 줄줄 흘렀어요.
"먼지 때문에 기침하는 거야. 얼른 들어가서 방문 꼭 닫아."
엄마가 화들짝 놀라며 딩딩을 방으로 떠밀었어요. 딩딩은 속상했어요.

쓸 만한 물건을 고르고 남은 쓰레기가 담 밑에 수북하게 쌓였어요. 아빠가 한밤중에 쓰레기를 마당에서 태웠어요.
"딩딩, 아무한테도 말하면 안 돼. 공안*한테 걸리면 벌금을 왕창 물거나 엄마 아빠가 감옥에 가야 해."
딩딩은 겁이 났어요.
밤마다 쓰레기를 태우는 집은 한 집 두 집 늘어났어요. 다들 한밤중에 몰래 쓰레기를 태웠어요. 하지만 검은 연기와 악취는 숨길 수가 없었지요.

***공안** : 중국 경찰.

하루는 누군가가 문을 '쾅쾅' 두드렸어요. 아빠와 엄마는 급하게 물을 부어 불을 끄고 방으로 숨었어요.
"문 안 열면 부수고 들어갑니다. 안에 있는 거 다 알아요."
공안이 찾아온 거예요. 딩딩은 엄마 품에서 오들오들 떨었어요. 호루라기 부는 소리, 누군가 급하게 도망치는 발소리도 들려왔어요. 아우성치는 소리, 울부짖는 소리……. 밖은 전쟁이라도 벌어진 것처럼 소란스러웠어요.

공안이 한차례 휩쓸고 간 뒤 동네는 숨죽인 듯 조용했어요. 공안들은 밤이 되어도 골목을 돌아다니며 지켰어요. 아무도 한밤중에 쓰레기를 태우지 않았어요. 아빠도 고물 보따리를 더 이상 가져오지 않았지요.
엄마가 대신 일자리를 구하러 다녔지만 쉽지 않았어요. 공장은 문을 닫았고, 쓰레기 수입이 막히자 다른 일자리도 모두 줄었어요.
딩딩의 건강은 다시 안 좋아졌어요. 한동안 집 마당은 물론이고 온 동네에서 쓰레기를 태웠으니 그럴 만도 했어요. 딩딩이 기침을 하고 몸 여기저기를 긁는 모습을 본 엄마는 한숨을 쉬었어요.
"공기 좋은 곳으로 가야 몸이 나을 텐데. 도시에 나와 돈 벌겠다고 우리 딩딩까지 고생을 시키는구나."
아빠는 가만히 마당으로 나갔어요. 한참 후에 돌아온 아빠는 결심을 한 듯 딩딩의 손을 잡았어요.
"딩딩, 너는 건강을 되찾을 때까지 시골 할아버지 집에서 학교 다녀. 여기는 너무 위험해. 공기도 나쁘고 미세먼지도 많아서 어린아이들은 병에 걸리기 쉬워."
딩딩은 가슴이 쿵 내려앉았어요. 시골에 돌아가면 엄마 아빠와 함께 살 수가 없잖아요. 하늘이 늘 어두컴컴하고 미세먼지가 많아도 엄마 아빠와 함께 살고 싶었는데, 딩딩이 자꾸 아프니까 헤어져 살아야 된대요.
"엄마 아빠도 너랑 같이 살고 싶지만…… 이러다 큰일 나겠어. 여기 있으면 몸이 더 아플 거야."
엄마가 딩딩을 꼭 안아 주었어요.

딩딩은 친친에게 시골로 가게 되었다고 말했어요.

"너랑 친구가 되어서 참 좋았는데, 너무 섭섭하다. 내가 시골로 가도 연락할 거지?"

친친이 고개를 끄덕이며 몹시 아쉬워했어요. 딩딩은 학교 친구들과도 작별 인사를 했어요.

집으로 돌아오는 길에 문득 걸음을 멈추고 하늘을 올려다보았어요. 검은 하늘, 미세먼지 바람, 냄새나는 공기가 더없이 원망스러웠어요. 늘 기침과 콧물, 가려움에 시달렸는데 이제는 엄마 아빠와 함께 살지도 못하게 됐어요.

'저 하늘도 나처럼 아픈 거야. 어떻게 하면 병을 낫게 할 수 있을까? 주사를 맞아야 할까? 약을 먹어야 할까?'

딩딩도 알고 있었어요. 아픈 하늘을 낫게 하려면 모든 사람들이 나쁜 공기를 몰아내기 위해 함께 노력해야 해요.

집에 와 보니 엄마가 책과 옷을 가방에 다 싸 두었어요.

"먹고살려고 열심히 일한 것뿐인데……. 하나밖에 없는 우리 딸을 더 아프게 했네."

엄마와 딩딩은 집 앞에서 헤어졌어요. 딩딩을
보내는 엄마도, 엄마를 뒤로하고 떠나는 딩딩도 슬프고
속상했어요. 시골 할머니 할아버지 집까지는
아빠가 데려다주기로 했어요. 아빠가 딩딩을
데려다주고 돌아오면, 엄마 아빠는
산둥성으로 이사를 간대요. 산둥성은
베이징에서 옮겨 간 공장들뿐 아니라
전 세계에서 지은 온갖
공장들이 있대요.
그곳에 가면 엄마
아빠도 쉽게
일자리를 구할 수
있을 거예요.
언제쯤이면 하늘도
사람들도 아프지
않은 세상이 올까요?

대기 오염이 지구를 아프게 해요

스모그를 본 적 있나요?

공기가 뿌예져서 잘 보이던 바깥 풍경이 갑자기 안 보이는 날이 있죠? 파란색이던 하늘이 회색 빛으로 보이던 날도 있었나요? 공기 속의 오염 물질이 안개 모양의 기체가 된 현상을 '스모그'라고 불러요. 연기(smoke)와 안개(fog)가 합쳐진 말이지요. 옛날에는 해안 지대처럼 안개가 자주 끼던 지역에서 스모그 현상이 발생했지만, 지금은 대기 오염도가 높은 도시를 중심으로 폭넓게 발생하고 있어요.

1952년 12월, 무서운 스모그가 영국 런던을 덮쳤어요. 당시 영국은 공장의 석탄 사용량과 교통량이 늘면서 매연 배출이 가파르게 늘고 있었어요. 그런데 갑자기 추워진 날씨에 사람들이 난방을 평소보다 더 많이 하자 대기 오염이 심각해진 거예요. 한낮에도 앞이 하나도 안 보이고, 버스는 운행을 멈출 정도로 스모그 현상은 심각했어요. 이때 1만 명이 넘는 사람들이 사망했고, 10만 명에 이르는 사람들이 호흡기 질환으로 고통받았어요. 런던 스모그는 전 세계 사람들에게 대기 오염의 심각성을 일깨우는 계기가 되었지요.

석탄을 많이 쓰지 않는 지역에서도 스모그는 일어나요. 석유 연료가 만들어 내는 이산화질소와 탄화수소 같은 물질이 자외선과 반응하면서 해로운 스모그를 발생시키는 거예요. 이런 광화학 스모그가 발생하면 목이나 코 같은 호흡기가 아픈 것은 물론, 눈이 아프고 눈물이 나기도 해요.

대기 오염의 경각심을 일깨워 준 1952년 런던 스모그.

2013년, 스모그가 덮친 중국 베이징의 도로 풍경.

대기 오염은 왜 일어날까요?

산불이나 화산 활동, 바람을 타고 이동하는 먼지나 모래, 꽃가루 날림 등으로 대기 오염이 일어나요. 중국의 모래 먼지가 상승 기류와 강한 바람을 타고 우리 나라까지 날아와 공기를 더럽히기도 하는데, 이걸 황사라고 불러요.
하지만 자연적인 오염은 인간이 만들어 내는 오염에 견주면 아주 미미해요. 사람들은 난방을 하려고, 공장에서 제품을 만들기 위해, 또 여러 가지 교통수단을 이용하기 위해 석유나 석탄 같은 화석 연료를 사용해요. 이런 연료를 태울 때 온갖 해로운 물질이 발생하지요. 또 쓰레기를 태울 때도 위험한 화학 물질이 생겨나 대기를 오염시켜요. 특히 플라스틱을 태울 때 나오는 다이옥신은 인체에 치명적이라고 알려져 있어요.

요즘 많은 나라들은 환경 보호를 위해 자기 나라에 공장을 짓지 않아요. 필요한 물건, 재료나 부품은 중국이나 동남아시아 나라에서 생산된 것을 수입하고, 그곳에 공장을 지어 생산하기도 해요. 또 자신들이 쓰고 버린 쓰레기나 가전제품을 다른 나라로 수출하기도 하지요. 중국을 비롯한 아시아의 몇몇 나라는 다른 나라에서 버린 쓰레기나 고물, 가전제품을 싼값에 사들여요. 여기서 얻은 원료를 재활용하고 남은 쓰레기는 처리하지요. 버려진 가전제품에는 카드뮴, 수은, 납 등 많은 양의 중금속과 유해 물질이 포함되어 있고, 이것을 처리하는 과정에서 심각한 대기 오염이 일어나요.

많은 양의 오염 물질을 배출하는 중국의 공장 지대.

미세먼지란 무엇일까요?

공기 중에 떠다니는 아주 작은 입자의 오염 물질을 미세먼지라고 불러요. 머리카락 굵기의 7분의 1밖에 되지 않는 10마이크로미터(㎛) 이하의 미세먼지(PM-10)와 지름이 미세먼지의 4분의 1인 2.5마이크로미터 이하인 초미세먼지(PM-2.5)로 다시 나뉘어요. 미세먼지는 일반 먼지와 달리 코와 입, 기관지에서 걸러지지 않고 폐까지 도달하기 때문에 각종 질병을 일으키지요. 세계보건기구는 미세먼지를 1급 발암물질로 지정했어요.

이렇게 위험한 미세먼지에 어떻게 대비해야 할까요? 우선 미세먼지 오염도와 경보 안내에 관심을 기울여야 해요. 자기가 사는 지역의 홈페이지나 기상청 홈페이지에서 쉽게 정보를 찾을 수 있어요. 우리나라는 24시간 동안 평균 농도가 1세제곱미터당 250마이크로미터 이상일 때, 또는 1세제곱미터당 400마이크로미터의 농도가 2시간 이상 지속될 때 미세먼지 경보를 발표해요. 미세먼지가 심한 날에는 되도록 외출을 하지 말고 실내에 머물러야 해요. 외출할 때는 보건용 마스크를 착용하고, 피부를 보호할 수 있는 긴 옷을 입어요. 외출하고 돌아와서는 손을 깨끗이 씻고 입속과 콧속도 씻어요. 평소 대기 상태가 좋은 날을 골라 환기를 하고, 특히 요리나 청소 같은 실내 활동 뒤에는 꼭 환기를 해요.

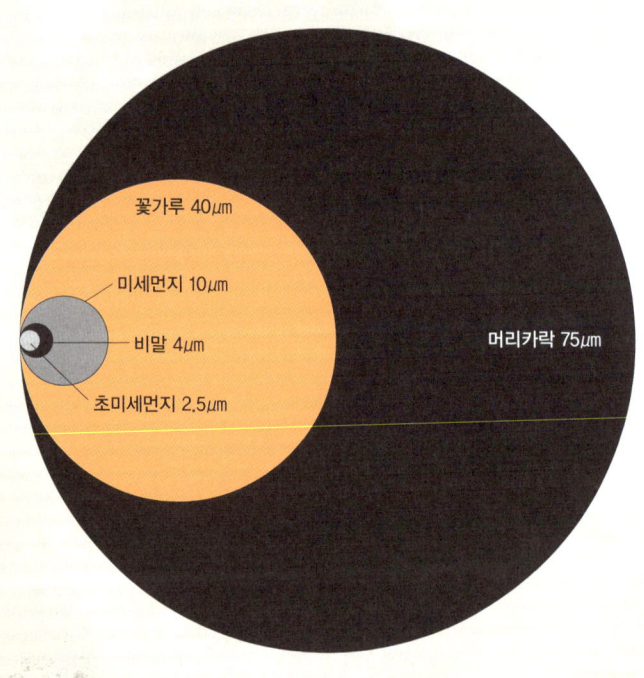

1㎛ = 0.001mm
초미세먼지의 지름은 머리카락 굵기의 30분의 1 정도예요.

이웃 나라 중국의 노력

중국은 세계 최대의 공장이라 불려요. 한때는 전 세계에서 버려진 플라스틱과 고물, 가전제품, 쓰레기를 들여오는 수입국이었지요. 중국에는 이런 것들을 처리해서 재활용하는 공장이 많이 있어요. 이 과정에서 온갖 나쁜 물질로 뒤섞인 연기가 나와 환경을 오염시키고 도시는 미세먼지로 뒤덮이게 돼요. 공장에서 뿜어져 나오는 매연은 스모그 현상을 일으켜 하늘을 뿌옇게 흐리고, 심할 때는 검은 하늘로 만들어요. 많은 사람들이 숨을 제대로 쉬지 못해 호흡기 질환에 걸렸어요. 대기 오염으로 인한 중국의 사망자 수는 매년 110만 명에 이른다고 해요.

중국은 환경 오염이 심각해지자 플라스틱과 폐가전제품 수입을 금지시켰어요. 공장은 강제로 문을 닫게 하고, 함부로 쓰레기를 처리하지 못하도록 감시했어요. 베이징에 밀집한 공장들은 다른 지역으로 이전시키고 삼림 면적을 늘려 대기질을 관리했어요. 자동차 운행을 통제하고, 새 차를 구입하는 것도 엄격하게 제한했어요. 또 천연가스 등 다른 에너지원이 석탄을 대체할 수 있도록 정책을 만들었지요. 그런 노력으로 중국의 이산화탄소 배출량은 감소하고 있고, 초미세먼지 농도도 30퍼센트나 줄었어요.

중국은 환경을 위해 석유 에너지를 줄이고 천연가스로 점차 대체하고 있어요.

중국 정부는 대기 오염이 심한 날 공장이나 공사장의 일을 중지시켜요.

우리나라 하늘도 위험에 처했어요

서풍이나 북서풍이 불면 중국의 오염된 공기와 미세먼지가 한반도로 넘어와 하늘을 자욱하게 뒤덮어요. 우리나라는 중국 대기 오염의 영향을 가장 많이 받는 나라예요. 북서풍이 자주 부는 초겨울부터 봄까지는 하늘이 맑은 날이 거의 없을 정도지요. 중국과 가까운 서해안은 더 심해서 하늘이 늘 뿌옇게 흐려져 있어요. 미세먼지는 우리나라와 중국 두 나라가 머리를 맞대고 함께 해결해야 할 문제예요.

우리나라 대기 오염이 중국 탓만은 아니에요. 매연을 내뿜는 오래된 경유 자동차, 석탄 화력 발전소, 온갖 화학 물질을 배출하는 공장들과 정유 시설, 우리가 쓰고 버린 생활 쓰레기가 끊임없이 미세먼지를 만들어 내고 있어요. 우리나라는 석탄 소비량이 여전히 높은 편이고, 가장 많이 수출하는 제품은 석유제품이에요. 1인당 플라스틱 쓰레기 배출량도 세계 3위나 되지요. 한편 서울 시내 미세먼지 성분을 분석해 보니, 가장 큰 원인은 자동차 배기가스로 나타났어요.

오염된 공기가 우리나라로 유입되는 것을 보여 주는 위성 사진.

미세먼지를 일으키는 석탄 화력 발전소 건설에 반대하기 위해 많은 사람들이 모였어요.

푸른 하늘의 날을 기억하세요

갈수록 심각해지는 대기 오염을 막기 위해 우리는 어떤 노력을 기울이고 있을까요? 농도가 높은 미세먼지가 지속되면 정부는 국민의 건강을 보호하기 위해 '비상저감조치'를 시행해요. 자동차 2부제를 권고하고, 오래된 경유차가 도시로 진입하는 걸 막아요. 오래된 차는 폐차하거나 매연 저감 장치를 설치하지 않으면 과태료를 내지요. 공사장은 일을 멈추어야 해요. 한편 도로나 건물에 광촉매 페인트를 칠하기도 하는데, 광촉매는 빛을 흡수해서 질소산화물 같은 미세먼지 성분을 분해하는 역할을 해요.

매년 9월 7일은 우리나라가 최초로 제안해서 만든 국제 기념일인 '푸른 하늘의 날'이에요. 심각한 대기 오염 문제에 관심을 가지고 함께 해결할 것을 다짐하는 날이지요. 미세먼지와 오염된 공기는 한 나라만의 문제는 아니에요. 전 세계가 힘을 모아 오염 물질을 적극적으로 줄여야만 하나뿐인 지구의 푸른 하늘을 되찾을 수 있어요.

우리나라에서 제안하고 유엔에서 채택한 '푸른 하늘의 날' 기념 포스터.